I0407033

DESTRA E SINISTRA RADICALI IN AMERICA E IN FRANCIA

Un saggio su Nozick, Chomsky, Horkheimer, Sorel, de Benoist

UMBERTO PETRONGARI

ISBN: 1539101614
ISBN-13: 978-1539101611

INDICE

PREMESSA INTRODUTTIVA

Questo breve saggio vuole esaminare il pensiero politico e filosofico di alcuni dei maggiori e più rappresentativi esponenti del radicalismo, sia di destra che di sinistra, statunitensi e d'oltralpe.

Per quel che riguarda dunque l'Europa, ho circoscritto l'analisi del suddetto tipo di idee politiche alla sola Francia. Emergeranno tuttavia riferimenti, sia pure per lo più generici, al pensiero politico maturato in altre parti del vecchio continente (in Inghilterra e in Germania. Per quel che riguarda l'Italia, farò ad essa politicamente riferimento in un'appendice al saggio).

Se dunque i personaggi che ho chiamato in causa sono pochi, consentono tuttavia di farsi un'idea della destra e della sinistra radicali dei due suddetti paesi. Ho deciso poi di non far rientrare nella disamina i fascismi, le ideologie reazionarie e infine marxiste, anche se Horkheimer potrebbe essere stato un comunista. È per questo che parlo di Breton e dell'ideologia politica dei surrealisti in un appendice al saggio. In un ulteriore appendice ho deciso di parlare di Mazzini, anche per via del fatto che la sua mentalità politica è stata quella di un liberale di sinistra rivoluzionario. In un terzo appendice, sostengo come sia da preferire una politica della necessità ad una politica della libertà.

Credo dunque di aver reso, con Nozick e con gli anarco-capitalisti (pur alludendo in modo assai succinto a questi ultimi), l'idea del liberismo estremo americano, così come Chomsky si presta assai adeguatamente a rappresentarne *tout court* il radicalismo *liberal* o di sinistra. Un analogo discorso vale per de Benoist in Francia, per quel che però riguarda la destra non fascista e non reazionaria francese. La figura di Sorel è invece indicativa di come ogni sinistra non comunista d'oltralpe sia anarchica. Ma dell'anzidetto intellettuale ho trovato inoltre interessanti gli influssi che ha ricevuto dal marxismo.

Infine, chi leggerà sia il saggio che i tre appendici, troverà l'intero mio discorso organico, in quanto ritengo si sviluppi con una certa coerenza di senso.

DESTRA E SINISTRA RADICALI IN AMERICA E IN FRANCIA

Un tipico esempio teorico della destra radicale americana (dunque, liberale), è costituito dal pensiero del geniale filosofo politico statunitense Robert Nozick.

A chiunque sia dotato di pazienza e di passione per delle rigorose e articolate argomentazioni di natura politico-morale, consiglio di leggere il capolavoro *Anarchia, stato e utopia*[1], libro che Nozick scrive in polemica con John Rawls e la sua *Teoria della giustizia* (siamo nel corso della prima metà degli anni settanta). Se il primo fece proseliti fra i *repubblicani*, il secondo fu invece

---

[1] cfr. R. Nozick, *Anarchia, stato e utopia*, Il Saggiatore, Milano 2005.

apprezzato dai *democratici*.

Il pensatore politico ebreo newyorkese (di origini russe), nel suo libro, prende le distanze dagli anarco-capitalisti (liberali extraparlamentari che hanno avuto in Rothbard il loro maggiore teorico), in quanto sostenitore di uno 'Stato minimo' (costituito dalla polizia, dall'esercito e da tribunali che difendono e salvaguardano la vita e la proprietà delle persone). Per questi ultimi lo Stato, con le tasse che esige per il suo mantenimento, sarebbe oppressivo delle libertà individuali e dunque immorale.

Dirò brevemente come Nozick riesca a coniugare la sua avversione per ogni potere centralistico redistributivo con la sua idea di Stato minimo. Quest'ultimo non sarebbe altro, in origine, che la più grande (essendo divenuta monopolistica) agenzia protettiva privata. Gli uomini vi accorrerebbero in gran numero per via della loro ragionevole natura. Se infatti l'agenzia fosse la più potente, ma anche la più arbitraria, se fosse un'organizzazione prepotente e criminale, non potrebbe tutelare al meglio, nel modo più giusto e conveniente, i suoi numerosi clienti. E il rispetto da parte di ogni persona della vita e della dignità umane li indurrebbe spontaneamente a volere che ogni membro della comunità cui appartengono, anche il più povero, possa eventualmente beneficiarne, essendo gratuitamente sottoposto alla giurisdizione dell'agenzia dominante. Credo sia questo ciò che Nozick intende per Stato minimo.

Per concludere questo breve discorso introduttivo, dirò come Nozick sia avverso perfino alla creazione di cooperative, proprio in quanto ogni redistribuzione è da costui giudicata antilibertaria. Un imprenditore che, sforzandosi intellettualmente, crea lavoro ed è il responsabile della vivibilità della vita dei suoi dipendenti, guadagnerebbe più che legittimamente quanto gli spetta, da proprietario della propria impresa. Credo che Nozick, in merito, l'avrebbe pensata così.

Ma la parte del suo libro che a me interessa maggiormente (che è forse la più filosofica), riguarda la sua critica, perlomeno parziale, del pensiero di Locke. Il pensatore inglese viene da Nozick considerato un'umanista. Ma, dell'umanismo, lo statunitense individua il carattere intrinsecamente negativo, utilitaristico.

Secondo Locke un uomo, se attribuisce una dignità a lui pari ad ogni altro essere umano, non potrà sopraffare ogni altro essere umano. Il pacifico criterio di vivere mediante il lavoro è la necessaria conseguenza di quanto si è appena affermato.

Ora, supponiamo di vivere in una situazione ideale, corrispondente al sereno stato di natura teorizzato dal filosofo britannico. Mettiamo poi che una certa causa, magari esterna alla comunità, giunga ad alterarne l'equilibrio. Un esercito invasore vuole uccidere, per rappresaglia, un certo numero di uomini. A quel punto, un uomo eroico propone di sacrificarsi per salvare l'anzidetto gruppo di persone. Mettiamo che sia gli invasori che quegli uomini siano d'accordo sulla proposta dell'eroe. Una tale situazione è giusta? L'eroe deciderebbe di morire poiché la morte di tante altre persone per via della sua codardia gli farebbe provare un senso di colpa intollerabile, insopportabile: meglio morire che vivere con un senso di colpa simile.

Ma facciamo un esempio meno radicale, meno estremo. Ora, il disagio, il malessere, di una certa persona all'interno di una comunità, può giustificare il più alto livello di benessere possibile per i restanti suoi membri? Secondo una prospettiva umanistica-utilitaristica la risposta sarebbe affermativa. Capiamone il perché.

Se ogni membro della comunità ha pari valore (essendo dunque condannato, ad esempio, l'antiuniversalistico e ingiusto familismo), è ovvio che la situazione ora descritta sia l'unica che ne possa conseguire. Se infatti tutti i suoi componenti si equivalgono, corrisponderanno a indifferenziati numeri, essendo da trattare come meri numeri. Se, in luogo del malessere di quell'unico membro (mettiamo anche sia stato sorteggiato per soffrire più degli altri), avremo il disagio di ogni restante componente e un po' di sollievo per chi doveva sacrificarsi per il bene della società, la situazione diviene sconveniente per tutti. Non accontenta nessuno (accontenta un po' chi doveva sacrificarsi per il bene della società). Eppure è la soluzione moralmente più equa e giusta.

Inoltre, un essere a noi superiore, può consentirsi di trattare l'uomo in modo un po' arbitrario, così come l'uomo fa con gli animali a lui inferiori? È giusto che Dio abbia sacrificato un uomo (per giunta innocente) per salvare l'intera umanità (oltretutto peccatrice)?

Anche se Dio può permettersi di non trattare l'uomo come un suo pari (allo stesso modo, noi siamo legittimati a trattare gli animali non come nostri pari, pur attribuendogli un certo valore per il quale, ad esempio, evitiamo di farli soffrire per divertimento), la logica umanistica-utilitaristica in base alla quale ha sacrificato Gesù, risulta poi così giusta?

Credo che Nozick, oltre che laico, potrebbe persino essere stato un anticlericale. Nella misura in cui Locke attinge dal cristianesimo (non so se addirittura sia stato cristiano), facendo propria l'idea di Humanitas che lo caratterizza, respingerebbe idee illuministiche (e forse ateistiche) quale quella dell'imperativo categorico kantiano. Nozick, al contrario, se ne appropria, avendone colto in modo brillante alcuni importanti risvolti.

La morale kantiana afferma che, per puro senso del dovere, non bisogna essere egoisti trattando gli altri come mezzi per i nostri scopi. Ma siamo anche umani, per cui dobbiamo pur servirci di cose e persone. Oltre all'aspetto del dovere vi è, nell'etica di Kant, anche l'aspetto del diritto. Ed è mio diritto sia beneficiare di cose e persone, sia non venire trattato come un mezzo, come un arnese (come una cosa). Se non si può prescindere del tutto dal nostro egoismo, tra pari ci si può servire reciprocamente in modo, per così dire, mutualistico, in modo tale che nessuno prevarichi nessun'altro (la libertà di ognuno venendo preservata). In tal modo i diritti individuali, che corrispondono al valore della persona, vengono del tutto rispettati. In concreto, se nessuno mi può togliere la vita o derubarmi quanto ho accumulato, io non posso sfruttare, sottopagare, un mio dipendente.

Più generalmente, la morale kantiana impone che al singolo, all'individuo, venga attribuito il maggior valore possibile di contro ad ogni idea politico-filosofica comunitaria.

Avendo letto la trascrizione completa di una conversazione tra Noam Chomsky e Michel Foucault, trasmessa nel 1971 dalla tv olandese, cercherò di tracciare un abbozzo delle idee politiche dell'intellettuale ebreo americano sulla base delle sue posizioni filosofiche. Entrambe emergono in maniera ovviamente poco delineata nell'intervista[2].

---

[2] cfr. N. Chomsky - M. Foucault, *Della natura umana. Invariante biologico e potere politico*, Derive Approdi, Roma 2005.

Chomsky attribuisce massima importanza alla libertà, ovvero alla creatività umana. Filosoficamente, attinge molto da Cartesio, avendo fornito del pensatore francese una certa interpretazione.

Secondo Chomsky esisterebbero delle idee innate, nel senso che non deriverebbero dall'esperienza concreta. Vi è da ritenere che l'unico modo per distinguere tra idee empiriche e idee innate, sia quello di collegare le prime all'esistenza di una res extensa dalla quale sarebbero condizionate, derivandone. Ciò che lo statunitense menziona come nozioni innate, non avendo nessuna relazione, né con la materia (da cui quindi non scaturirebbero), né con ogni restante nozione empirica (di cui non sarebbero, per così dire, la risultante), non possono allora che originarsi creativamente, ovvero in modo contingente, casuale. Tale sarebbe la libertà connessa alla res cogitans, alla coscienza, in base al cartesianesimo di Chomsky.

Al pari di Cartesio, inoltre, il docente emerito del MIT conferirebbe statuto di realtà a quest'ultima (così come, ovviamente, alla materia). È da ciò infatti (come in Descartes), che potrebbe derivare il suo umanismo, che emerge dall'intervista.

Chomsky motiva il suo innatismo affermando che il ridotto bagaglio linguistico (dunque di esperienze) di cui si dispone in tenera età, non consentirebbe al bambino di svolgere alcune sue operazioni complesse per mezzo delle quali si rapporta alla vita. Credo inoltre (ma potrei aver capito male), che tra i moti necessariamente per contatto dei cartesiani e la possibilità di azioni a distanza sostenuta da Newton (nella conversazione vi si fa riferimento), per Chomsky non sussista alcuna relazione di ideazione.

Poniamo il caso che lo scopritore del magnete abbia prefigurato nella sua mente il fenomeno del magnetismo. Ebbene, tra le sue precedenti esperienze di soli moti per contatto e l'anzidetta sua ideazione non sussisterebbe alcun legame (personalmente, non credo tuttavia che le cose stiano così).

Più che altro Chomsky si servirebbe dell'esempio della differenza fra urti e forze per dirci che il senso comune dell'uomo muta. Se per i cartesiani l'azione a distanza costituiva una sorta di magia, una fantasticheria, per i successivi fisici rappresentava al contrario un fatto dell'esperienza comune. Allo stesso modo se l'innatismo e l'anima possono oggi sembrarci delle astrusità, un domani potrebbero diventare accettate nozioni del senso comune.

Chomsky sembra attingere, almeno parzialmente, anche da Marx (più che altro da ciò che menzionerei come 'vulgata marxista'). Realizzare l'uomo umano (amorevole, amichevole e solidale) e libero (creativo), costituisce per lo statunitense il fine ultimo della politica. Per tale scopo, una vera educazione da impartire al popolo (sempre per il linguista), costituirebbe un imprescindibile presupposto (e questo è anche il punto di vista di molti marxisti). E un popolo sempre più formato in tal senso consentirebbe il graduale passaggio da una democrazia di tipo rappresentativo ad una democrazia partecipativa (Chomsky è un fautore della democrazia diretta).

Credo che per Chomsky l'uomo debba servirsi della sua creatività per il solo scopo che, in fondo, ne orienterebbe sempre la condotta, ovvero il raggiungimento della felicità. A tanto innanzitutto necessario l'avanzamento tecnologico, in quanto crea una vita sempre più comoda e agevole (forse, per il linguista, in un indefinito processo di progresso). Ma in quanto la scienza è espressione della creatività umana, Chomsky la considera positivamente. Più, inoltre, vivere diviene agevole, più l'uomo ha tempo per dedicarsi al gioco, ad attività di tipo ludico. Queste sarebbero agli antipodi degli svaghi, dei diversivi, propinati dal mercato. Quest'ultimo produrrebbe modelli comportamentali repressivi ed egoistici. Inoltre, inibendo, per perpetuarsi, l'immaginazione umana, non realizza di certo l'uomo libero (credo che Chomsky, a tal proposito, la penserebbe così).

Foucault, nell'intervista, più da nietzschiano che da marxista, dissente anche politicamente con Chomsky. Per il filosofo francese, non solo non esisterebbero scopi universali (che tutti, in fondo, accetterebbero), ma neanche la possibilità della conciliazione fra classi (non mi riferirò ulteriormente a Foucault).

Concludendo, rispetto a Marx, Chomsky respinge in toto la necessità dell'esistenza di uno Stato, anche se, come per Marx, questo è sempre oppressivo (sia da parte proletaria che da parte padronale). Da qui il suo socialismo libertario, fondato su sindacati (anarco-sindacalismo), piuttosto che su cooperative (più in generale, su libere associazioni). Chomsky non respinge tuttavia l'uso della violenza rivoluzionaria (che nell'intervista chiama, fra l'altro, 'disobbedienza civile'). Tuttavia il suo modello di rivoluzione deriverebbe da quella americana (magari anche da quella francese), non da quella bolscevica.

In due conferenze tenutesi a Cambridge nel 1971, Chomsky rende omaggio a Bertrand Russell. Nell'introdurre tali conferenze lo statunitense parla della sua vicinanza al filosofo, matematico e attivista politico gallese. Tale vicinanza (ciò emerge anche dai due convegni), è maggiore per quel che riguarda le sue concezioni politiche, minore per quel che riguarda le sue concezioni filosofico-teoretiche (sia sufficiente dire questo).

Se la prima conferenza ha per titolo *Interpretare il mondo*, la seconda ha per titolo *Trasformare il mondo* (l'intellettuale rende esplicitamente omaggio a Marx). Nei due incontri di Cambridge, Chomsky fornisce un'introduzione di ogni aspetto del suo pensiero[3].

Avendo letto la prima conferenza, devo correggere quanto affermato in precedenza circa le concezioni teoretiche del linguista americano. Qui, oltre che a Cartesio, fa riferimento a Kant, per contrapporsi ai vari empiristi. La natura viene

---

[3] cfr. N. Chomsky, *Conoscenza e libertà. Interpretare e cambiare il mondo*, Il Saggiatore, Milano 2004.

presentata come qualcosa di metafisicamente unitario (anche se non ne specifica il carattere ontologico). Le idee innate di cui Chomsky parla sono, perlomeno parzialmente, connesse agli a priori kantiani. Tenterò di esporre assai brevemente ciò che l'americano intende per idee innate. Prendiamo (per rendere l'esposizione semplice), la nozione di spazio. Nel testo della prima conferenza Chomsky asserisce come si giunga in possesso degli a priori solo in seguito ad esperienze. Prima di esperire oggetti, non siamo in possesso della nozione aprioristica di spazio. Ragionando, tuttavia, sul fatto che un oggetto non può non essere spaziale, afferriamo la necessarietà empirica della spazialità. Ebbene, pur non potendo prescindere dal fare esperienze, se ragioniamo su di esse, possiamo immaginare dei possibili, delle possibilità, che potranno addirittura trovare un riscontro empirico concreto (si pensi a teorie scientifiche che solo in seguito alla loro formulazione – meramente teorica – trovano un effettivo riscontro).

Alla luce di tale reinterpretazione del pensiero dell'intellettuale in questione, si può affermare come la libertà umana, perlomeno in parte, consista per costui nell'uso di una ragione, creativa e anticipatrice, che è simile all'intelletto kantiano.

Una conseguenza, inoltre, della sua concezione della ragione è che vi siano delle invarianti linguistiche che avvicinerebbero gli uomini appartenenti alle culture più diverse.

Infine, per quel che riguarda l'arte, anch'essa dovrebbe per Chomsky soggiacere a delle regole, affinché crei qualcosa invece di non dire nulla. Più in generale, vi è da ritenere che anche nel praticare un gioco, per costui, non si possa non attribuire un certo valore alle sue regole.

All'inizio della seconda conferenza Chomsky espone i tratti più generici della sua concezione politica (insistendo sull'importanza di un'autentica educazione, pronunciandosi a favore della creazione di ogni tipo di associazioni, sostenendo il federalismo di contro al centralismo statale e una democrazia che sia più partecipativa che rappresentativa). In seguito si sofferma a discutere su argomenti di attualità politica, riferendosi in particolare alla guerra del Vietnam.

L'elemento per me più interessante che vi emerge, è l'importanza che conferisce alla creatività dell'uomo di contro ad ogni aspetto della ripetitiva meccanizzazione della vita umana.

USA e stati del socialismo reale sarebbero accomunati dal perpetuare la ripetitività, la durezza (nella migliore delle ipotesi la noia), di un lavoro di tipo meccanico. Più in generale, attraverso la sua creatività l'uomo può superare la sua alienazione o reificazione a macchina in ogni settore della sua esistenza. Prendiamo ad esempio il mercato e i suoi consumi e, nello specifico, l'abbigliamento. In luogo dell'obbedienza, sollecitata dall'esterno, ad omologarci alle mode del momento, possiamo fare in modo che il nostro modo di vestirci sia una vera e propria espressione d'arte, in cui il nostro gusto estetico personale, creativo, giunga almeno parzialmente a caratterizzarlo. Credo che tale mia riflessione verrebbe condivisa da Chomsky.

In questa prima parte del saggio ho voluto circoscrivere l'ambito dell'analisi della mentalità politica americana alle sole sue tendenze più radicali (sia di destra che di sinistra). È interessante vedere in che misura tali tendenze mantengano una continuità con la costituzione americana, in cui si fa riferimento, non soltanto alla felicità, ma anche alla religione. Se quest'ultima non caratterizza propriamente la mentalità delle due figure di intellettuali qui esaminati, almeno in uno di costoro l'Humanitas, che è un tratto essenziale del cristianesimo, viene mantenuto. Se poi in Nozick tale elemento è assente, certamente non lo è in coloro che politicamente hanno attinto in larga misura da Locke (filosofo molto apprezzato negli USA). Forse, persino gli anarco-capitalisti ne hanno attinto, nonostante la loro radicale avversione per lo Stato (che nessun intellettuale americano, di destra o di sinistra, ama del resto particolarmente). Contrariamente a ciò che si ritiene, dunque, per gli americani, i sentimenti sono importanti. Volendo anche riferirci di sfuggita ad un *liberal* piuttosto moderato quale Hemingway, come anche, ad esempio, a Whitman o a Dewey, ebbene, anche in costoro i sentimenti umani sono tenuti in alta considerazione. Ma la figura di Nozick consente tuttavia di scavare più a fondo nell'animo americano, scoprendo, al di sotto della sua calorosità, delle considerazioni molto lucide e chirurgicamente penetranti. Ciò è, a mio parere, un tratto molto positivo di molti autori, di vario genere, statunitensi, in quanto apprezzo, più di ogni altra cosa, la più raziocinante e corrosiva scientificità.

Per quel che riguarda invece l'aspirazione alla

felicità, anche Chomsky, da liberale, non supera del tutto il conformismo borghese (in parte superato anche da Locke). In tal modo, credo, non è oltrepassata, neanche in tale autore, la contraddittoria concezione moderna in base alla quale la negatività dell'esistenza viene presa per positività.

Infine, anche in Chomsky, mi sembra permanga il gusto moderno e borghese – se non, con certezza, per la comodità – quantomeno per una progressiva semplificazione della vita.

Giunti a metà del saggio, è il caso di parlare della figura forse più influente della Scuola di Francoforte, ovvero di Max Horkheimer. Ebreo tedesco emigrato in America, nonostante sia stato accolto nelle istituzioni educative statunitensi, ha mantenuto un forte legame con la cultura politico-filosofica della sua terra d'origine. Ciò che più mi interessa mostrare del suddetto intellettuale è la sua mentalità, più antiborghese rispetto a quella degli autori fino a qui menzionati.

L'*Eclisse della ragione*, terminata di scrivere nel primissimo secondo dopoguerra, è uno scritto non troppo corposo (ma molto pregnante) di Horkheimer[4]. Testo, dunque, gravido di sviluppi, vi è da ritenere che i vari *francofortesi* (Adorno e Marcuse in primo luogo), vi abbiano fortemente attinto nell'elaborare le loro concezioni.

Hegel e Marx sono i principali ispiratori del pensiero di Horkheimer. All'inizio del percorso dialettico da costui teorizzato vi sono le tradizioni religiose, legate ad una cultura interamente oggettivista o realista. Già il pensiero platonico-aristotelico avrebbe carattere, in fondo, nichilistico, sebbene in esso la ragione vada a riedificare interamente l'oggettivismo dei mondi originari delle irrazionali tradizioni religiose. Un carattere più decisamente nichilistico avrebbe caratterizzato il pensiero moderno e in particolare la mentalità illuministica. Se con Platone e Aristotele gli aspetti superstiziosi delle tradizioni originarie vennero meno, con gli illuministi le stesse superstizioni morali (gli aspetti conservatori, sia delle tradizioni religiose che del pensiero di Platone e Aristotele), iniziarono ad essere superate, in un graduale processo di tipo

---

[4] cfr. M. Horkeimer, *Eclisse della ragione*, Einaudi, Torino 1969.

nichilistico (in parte però accettato anche dal libertario Horkheimer). Il soggettivismo moderno giunge infatti a negare tutto quanto esiste (il mondo è rappresentazione), tranne il più cieco e (in fondo) stupido (in quanto sconveniente) egoismo umano, tanto che lo stesso utilitarismo etico, al giorno d'oggi, sembra non avere più alcun senso.

Ma un oculato soggettivismo (forse un vero e compiuto illuminismo), a parere di Horkheimer, condurrebbe ad una sintesi tra tradizione e modernità, per cui, ad esempio, l'Humanitas delle origini verrebbe – almeno in parte, in alcuni suoi aspetti – recuperata. Non solo, infatti, l'umanità oppressa dalla fame, ma anche chi sperimenta il sempre maggiore disagio di vivere nelle post-moderne società tecnologiche, fremerebbe intensamente per la propria liberazione. Una nuova oggettività, per così dire, soggettiva, bramerebbe di venire instaurata. Credo che allora, il richiamo certamente implicito del pensatore tedesco a Rousseau, sia marcato. Concetti – perlomeno simili – a quello della compassione naturale, piuttosto che l'idea che esista un buon gusto, ovvero un piacere pulito, nonché universale, verrebbero fatti propri anche da Horkheimer.

Ma ciò conduce a parlare di arte, così come emerge nell'*Eclisse*. In realtà in essa l'arte non risulta essere troppo delineata, per cui Horkheimer non sviluppa, nel testo in esame, una compiuta e precisa teoria estetica. Credo comunque che Marcuse, nell'elaborare la sua idea di 'gioco', vi abbia molto attinto (e, direttamente o indirettamente, vi avrebbe anche attinto un filosofo notevole come Deleuze).

Horkheimer prende in particolare di mira il carattere di divertimento dell'arte di massa. Essa serve, in altre parole, a ricaricarsi, a rigenerarsi, dopo il lavoro, in modo tale da rendersi nuovamente efficienti per il lavoro (per mezzo del quale possiamo soddisfare i nostri vari egoistici bisogni). Ovvero l'arte diviene un – comunque negativo – sollievo, in una vita frenetica e sempre insoddisfacente. L'arte dovrebbe allora diventare un piacere in sé, ovvero inutile, divenendo pienamente appagante in se stessa, felice fruizione estetica.

Peggio ancora se essa la si fruisce per conformismo (Horkheimer non si pronuncia in realtà su ciò: mi permetto di estendere il suo discorso sull'arte). Anche qui essa è alleggerimento momentaneo (vanesio e dunque vano).

Se Horkheimer è stato forse un comunista, credo assai lontano dall'ortodossia dei comunismi storicamente concretizzatisi, è a mio parere un marxista ortodosso nella misura in cui non si discosta notevolmente da Lukács, che è forse il più fedele esegeta marxiano. Se ne discosta, assieme a Marcuse, per via del suo rousseauismo. Definirei Marcuse un anarco-marxista. Se c'è un legame tra *Eros e civiltà* e *L'uomo a una dimensione*, allora è la dimensione sessuale dell'uomo che lo spinge impetuosamente a desiderare una radicale e imminente trasformazione rivoluzionaria della società e, più in generale, del mondo in cui vive; e senza dover transitare per la positivamente graduale lotta rappresentata dalla dittatura del proletariato, in cui quest'ultimo ascende progressivamente verso il comunismo. Se anche, Georges Sorel, avesse definito se stesso un anarco-sindacalista, o un sindacalista rivoluzionario, ritengo che abbia attinto da Marx in maniera notevole. Inoltre è stato un suo più che decente interprete. Anche il filosofo politico francese lo si può, a mio parere, definire un anarco-marxista. Ciò emergerebbe dalla sua opera più celebre, le *Considerazioni sulla violenza*[5]. Ebbene, ciò che è del tutto assente in Sorel, è l'idea che gli uomini possano riconciliarsi per via del riconoscimento della loro comune identità. La violenza, come emerge nelle *Considerazioni*, fortemente legata alla sessualità, è il carattere essenziale dell'essere umano. Quest'ultimo sputa sulla ragionevolezza, su quella 'piccola scienza' (così la denomina Sorel), anche e soprattutto morale, appartenente all'ottimistica, progressista, mentalità scientifica borghese, che già ha anticipato, prefigurandoselo, il pieno spiegamento dell'intero conoscibile. Ma a questa 'piccola scienza' Sorel contrappone il mito (connesso a violenza e sessualità). Se Lukács razionalizza, getta piena luce, sugli aspetti utopici delle riflessioni di Karl Marx (sul pieno superamento dell'alienazione umana, ovvero sull'essenza del comunismo), Sorel non è in grado di delinearli nettamente, di focalizzarli. Da qui il mito, ovvero l'intuizione irrazionale, quasi mistica, delle più autentiche aspirazioni umane. Il mito è dunque una pulsione mistica e irrazionale, imminente, all'instaurazione del comunismo o dell'anarchia, se si preferisce. Lo sciopero generale è lo

---

[5] cfr. G. Sorel, *Considerazioni sulla violenza*, Laterza, Bari 1974.

strumento di tale, più o meno imminente, instaurazione. Si tratta, per il popolo oppresso, di scioperare in massa e di manifestare con violenza in strada, fino a quando i borghesi, estenuati in tale lotta contro il proletariato, non cedano nell'instaurare una società perfettamente e pienamente socialista, egualitaria. Dell'economia di mercato non deve insomma restare la benché minima traccia: questo è l'obiettivo dello sciopero generale.

Le aspirazioni mitiche sono già presenti nell'animo di ogni uomo, specie se oppresso. Il mito non è qualcosa che si forma in seguito ad un certo tipo di attività propagandistica. Come presso Marx, la funzione del partito (o di qualcosa del genere), in Sorel, è quella di contrastare chiunque voglia sviare dal giusto sentiero anarchico, confondendolo, il proletario nel suo sicuro incedere, facendo, semmai, della contropropaganda.

Ma veniamo al rapporto tra sessualità e violenza. Quando l'uomo non è vittima del diabolico fato, non può sopportare di venire vilipeso dai suoi aguzzini borghesi, che lo condannano ad una vita miserabile. Ma, superata la miseria, l'uomo resta un essere dialettico e solipsistico. Se non arraffa, è perché ha superato una simile esigenza, accontentandosi di tutto ciò che gli offre una società anarchica e socialista. Ora è diventato qualcuno, poiché in Marx una nuova e disalienata cultura popolare ha soppiantato la vecchia, erudita, cultura borghese. È inoltre una cultura superiore a quest'ultima. L'arte è divenuta 'gioco', ovvero attività (non è più contemplativa).

Il gioco in generale, per quanto possa prescindere da ogni regola, resta pur sempre una competizione. E una competizione implica pur sempre una sopraffazione (vicina ad una sopraffazione di tipo sessuale), un annientamento. Ebbene, il sesso non è altro che un atto violento mitigato, che si esprime in una forma tenuamente aggressiva. Lo sconfitto, nel contesto di una società liberata, in cui ci si è affrancati da tutto – anche, dunque, da ogni conformistico disagio – ha acquisito un incrollabile dignità ontologica, per cui può ridere di se stesso e della sua sconfitta. Si può permettere l'autoironia perché sa che il suo essere non ne può venire svilito (vuoi perché è comunque un bravo giocatore, vuoi perché magari eccelle in qualcos'altro). Che crudeltà c'è nell'autoironia! L'Altro ne è annientato.

In un libro di Alain de Benoist, la cui pubblicazione è relativamente recente, dal titolo *Le sfide della postmodernità*[6], il pensatore politico francese contrappone a termini politici quali liberalismo, nazionalismo, stato, mondializzazione, nozioni quali federalismo, comunitarismo, identità, differenze, allo scopo di affrontare gli attuali problemi socio-economico-politici, caratterizzanti dunque l'età post-moderna o della globalizzazione.

Nonostante de Benoist sia forse il maggiore esponente della Nuova Destra, non ama essere definito un filosofo politico di destra, in quanto la distinzione tra destra e sinistra la considera superata. È un intellettuale conservatore, o meglio reazionario? A quanto pare no, per via della sua aspirazione a vedere coniugati alcuni valori tradizionali con alcuni valori della modernità. Ma per via del significato che il termine 'sinistra' ha acquisito nel corso delle trasformazioni politiche giunte a compimento nel secolo scorso, credo possa venire definito, per vari motivi che emergeranno nel corso della presente disamina, sia un intellettuale di destra che un radicale.

---

[6] cfr. A. de Benoist, *Le sfide della postmodernità. Sguardi sul terzo millennio*, Arianna Editrice, Casalecchio 2003.

A me interessa far luce sui presupposti filosofici essenziali del pensiero politico di de Benoist. Ma questi hanno stretta relazione con la sua filosofia politica. Farò dunque anche delle considerazioni molto generali sul suo pensiero politico.

De Benoist mi sembra osteggi radicalmente il moderno concetto di 'volontà' (si pensi a come è stato delucidato da Schopenhauer). Egoismo, conformismo, insoddisfazione esistenziale, sono alcuni dei tratti più caratterizzanti dell'uomo moderno, elogiato dal liberalismo e fatto suo oggetto di indagine.

Ma, specie il mondo pre-cristiano (de Benoist apprezza molto, ad esempio, Aristotele), era caratterizzato da un tipo umano radicalmente diverso rispetto al moderno individuo. Tale tipo umano era estraneo al 'volere', al bramare incessantemente e invano. L'assenza di volontà dell'uomo antico si manifestava in due modi. Da un lato, era capace della più vera o autentica, rinunciataria e doverosa, benevolenza riguardo ad ogni suo simile e, in generale, nei confronti dell'intera Natura. Dall'altro era capace di agire in modo pago e gioioso. Tale modo di agire era agli antipodi delle insuperabili e frustranti costrizioni che animeranno l'egoista (ciò si intende per 'volontà').

Ora, come si coniugavano atteggiamenti davvero amorevoli e solidali con un'azione – per definizione conflittuale – felice?

Nell'antichità ogni uomo era inserito in un'associazione composta da propri pari. Verso costoro la mutualità era del più alto grado. E così, all'interno di una corporazione medievale, piuttosto che in una più antica gilda, non ci si faceva troppa concorrenza. Credo che un goliardico atteggiamento di ironico e autoironico spirito animasse le amichevoli relazioni umane che stringevano tra loro i membri di tali associazioni. Si trattava – tuttavia gerarchicamente – di rispettare tutto il creato. Ma allora, verso i membri delle altre corporazioni, piuttosto che verso la concorrenza mercantile di altri popoli, ci si concedeva un più audace agone affaristico. E il fatto che si possedesse di più rispetto al popolo minuto, magari per meriti oggettivi e per via del possesso di una più difficile maestria rispetto a quella posseduta dal ceto subalterno, non costituiva certamente un problema. De Benoist si mostra contrario ad ogni demagogica idea di assoluta eguaglianza universale, per cui tutti dovrebbero possedere gli stessi beni e competere unicamente in pacifici ludi, socialmente livellanti. Il pensatore politico francese è insomma contrario ad ogni forma estrema di comunitarismo.

Ma anche il popolo minuto si associava nella difesa dei propri interessi, affinché i corpi gerarchicamente superiori non abusassero di esso, calpestando i suoi diritti e la sua dignità. Allo stesso modo la borghesia, per così dire, nascente, fronteggiava gli eventuali abusi di potere che il monarca, lo stato, avrebbe potuto esercitare nei suoi confronti. Si tenga tuttavia presente come lo stato fosse anticamente qualcosa di organico, in cui i vari corpi che lo componevano coesistevano pacificamente e armoniosamente. Il federalismo di de Benoist attinge da tali antichi organismi politici. È bene dunque che lo stato svolga mansioni non svolte dalle varie associazioni (dei commercianti, sindacali ecc.), come ad esempio le sue funzioni di polizia. Ma tali funzioni devono essere di beneficio per le anzidette associazioni. Non devono prevaricarle.

Dunque de Benoist sembra simpatizzare in particolare, storicamente, per quella che definirei una borghesia corporativa, ovvero una borghesia allo stato nascente. Con estrema probabilità ritiene che gli attuali borghesi debbano recuperare, in una situazione certamente mutata dal punto di vista sia politico che economico, lo spirito degli imprenditori e dei mercanti del mondo pre-moderno. È solo in tal modo che valori moderni quali – ad esempio e in primo luogo – la pace (il rifiuto della guerra) e valori antichi quali il gioco, il piacere per l'agone (anche e soprattutto commerciale), nonché la più genuina solidarietà, possono venire conciliati, sintetizzati.

Ma cosa faceva l'antico borghese rispetto al borghese moderno, egoista? Immagino che, soddisfatto il piacere agonale per gli affari, si dedicasse ad attività ludiche quali la caccia o alla fruizione di opere d'arte, o che magari imbastisse sontuosi banchetti, ma per soddisfare quel particolare piacere estetico che è legato al palato. E abitare magari in uno sfarzoso palazzo, non era una vanesia e conformistica (nonché pacchiana) ostentazione di lusso, bensì segno della propria abilità affaristica ed espressione di buon gusto (del resto, anche attraverso l'abbigliamento, possiamo esprimerci artisticamente).

Ma veniamo al tema dell'identità e delle differenze. Il primo dei due termini, oltre che riferirsi alle particolarità etniche, ha anche a che fare con i valori, con la morale. E così, la benevolenza disinteressata non può che costituire, se autentica, la costante caratteriale di chi ne dispone. La persona davvero benevola assumerà atteggiamenti coerentemente molto somiglianti tra loro. Questi sono segni, espressioni, della sua incrollabile amorevolezza.

La globalizzazione sta distruggendo le differenze tra i popoli mediante un uso esasperato della tecnica. Ma le antiche culture materiali tendevano poco a trasformare l'ambiente, quanto piuttosto, anticamente, si era portati a trasformare se stessi per adeguarsi all'ambiente (che restava dunque, per lo più, intatto, incontaminato), nel quale si era collocati (si producevano delle maestrie, più in genere delle abilità).

Prendiamo, per fare un esempio, il nutrirsi da parte di una certa popolazione. Se vivrà, ad esempio, in climi freddi, la prima colazione sarà sostanziosa e ci si ciberà di quei tipici prodotti che la terra in cui si vive offre. La globalizzazione, livellando ogni aspetto della nostra vita, crea per ognuno una dieta identica, il che è anche poco salutare. Ma il gusto per il cibo è anche fruizione estetica. L'omologazione e l'impoverimento del gusto per il cibo fa in modo che la singolare prelibatezza tenderà a scomparire dal mercato. Se, al limite, viene rimpiazzata dalla pallida raffinatezza elaborata del ristorante di lusso, il gusto forte e genuino, persino un po' grezzo, delle cucine tradizionali (e il discorso vale anche per la produzione dolciaria), tenderà a scomparire.

Nonostante nell'interessantissimo libro in esame di de Benoist si affrontino problemi di natura specificamente politica e di filosofia politica, ho tentato soprattutto di trarne (sperando di aver detto cose non troppo lontane dalla mentalità dell'autore del libro in questione), i più o meno impliciti presupposti puramente filosofici del suo modo di intendere la politica.

Concludendo, abbiamo mostrato come destra e sinistra radicali francesi, siano entrambe più antiborghesi rispetto al radicalismo, sia di destra che di sinistra, americano.

Per quel che riguarda l'estrema sinistra non comunista dell'Europa continentale, oltreché massimamente antiborghese, non prescinde mai completamente dal confrontarsi con Marx.

Per quel che riguarda invece la differenza tra gli intellettuali politici della destra (ma anche della sinistra) americana e de Benoist, nei primi è assente ogni riferimento ad una cultura, ad una tradizione, molto antica, oltreché pre-moderna. Quello americano è un popolo moderno. Non ha alle spalle altra tradizione che il cristianesimo (forse richiamato nella *Dichiarazione di indipendenza*, la quale ha assai probabilmente influenzato la costituzione statunitense). Ma il cristianesimo è portato ad accordarsi con i più moderni valori democratici.

APPENDICE I - Il comunismo dei surrealisti

In questo brevissimo appendice farò riferimento ad André Breton, ai suoi pronunciamenti sulla posizione politica dei surrealisti (risalgono al 1935)[7], di cui fu il teorico.

I surrealisti furono apertamente e dichiaratamente comunisti. Se ammirarono Lenin giustificandolo per le necessarie e inevitabili liberalizzazioni cui dette luogo in Russia in una delicata fase della sua storia (era in gioco la sopravvivenza del regime bolscevico), criticarono invece Stalin, almeno per alcuni aspetti della sua politica (le più dure purghe staliniane si sarebbero del resto verificate a partire dal 1936). Sostanzialmente rimproveravano il

_____

[7] cfr. A. Breton, *Manifesti del surrealismo*, Einaudi, Torino 1987, pp. 131-211.

leader sovietico di non adeguare il grande sviluppo tecnologico-industriale socialista dell'URSS (il surrealismo riconobbe dunque ciò), ad una maggiore condizione di liberazione per l'uomo. Insomma, per i surrealisti il progressivo dinamismo dei mutamenti che avvenivano in Russia avrebbe dovuto comportare una concomitante crescita di felice democraticità. Faccio un esempio. Se ora il cittadino sovietico non era più angustiato da ingenti paure future, per via del sicuro mantenimento del suo posto di lavoro, perché doveva continuare a lavorare duramente, come negli anni che precedettero gli effetti positivi dello stalinismo?

Intento di Breton era promuovere anche in Russia una resistenza culturale contro la residuale mentalità borghese del popolo russo, non solo accettata, ma anche incoraggiata da parte di Stalin e degli intellettuali al suo servizio. L'impulso dell'uomo alla sua più completa liberazione non doveva, per i surrealisti, venire soffocato, ma riscoperto.

I surrealisti distinguevano nettamente l'incubo della realtà (che richiede una costante, in qualche modo apparente, vigilanza), dal sogno dell'utopia. Ora, non si può fare esperienza del dolore e, più in generale, del male, senza che ciò non sia, per i surrealisti, un incubo. In un bel sogno, insomma, il male (sia esso solo il nostro, oppure la visione del male subito dall'Altro, dal nostro prossimo), non vi può – in ogni sua espressione – neanche minimamente comparire.

APPENDICE II - *Filosofia politica mazziniana*

Questo appendice vuole rendere omaggio ad uno dei pochi intellettuali italiani che esercitarono una certa influenza culturale in tutta Europa (mi riferisco principalmente alla creazione della *Giovine Europa*, con le associazioni politiche che man mano vi confluivano), oggi piuttosto ignorato, o comunque non dovutamente ricordato (per quel che riguarda la rilevanza culturale di Giuseppe Mazzini, si può consultare ad esempio: J. W. Burrow, *La crisi della ragione. Il pensiero europeo 1848-1914*, Il Mulino, Bologna 2000).

Avendo letto i *Doveri dell'uomo*[8], gli influssi principali che hanno determinato il pensiero

---

[8] cfr. G. Mazzini, *Doveri dell'uomo*, Londra 1860.

politico-filosofico di Mazzini, mi sembra siano stati di due tipi. Da un lato il cattolicesimo più ortodosso (Mazzini è stato forse un cattolico, anche se anticlericale). Dall'altro il positivismo. E, da cattolico, le influenze aristoteliche nel suo pensiero sono state estremamente rilevanti. Se, a questo punto, si può tentare un accostamento tra il pensiero mazziniano e quello di de Benoist, ritengo tuttavia che i due intellettuali abbiano fornito di Aristotele due diverse interpretazioni. Mazzini sarebbe infatti un realista (del tipo più classico). Non è un caso che, nella sua opera principale, parli spesso di "Verità". E la "Ragione" corrisponderebbe al *Logos* aristotelico, affine, se non identico, a quello evangelico.

Alcuni intellettuali fascisti avrebbero potuto, ipoteticamente, sostenere il suddetto accostamento. Inoltre di Mazzini apprezzavano il fatto che il suo modo di intendere la politica, se ripreso dal fascismo (nello specifico, repubblicano), avrebbe potuto realizzare una terza via tra liberismo e socialismo (si veda, a proposito dell'apprezzamento di alcuni fascisti per l'intellettuale risorgimentale: G. Parlato, *La sinistra fascista*, Il Mulino, Bologna 2000).

Per quel che riguarda le suddette influenze

positivistiche, è parere di Mazzini che, in condizioni di miseria, l'uomo non potrà comportarsi umanamente, ma si comporterà necessariamente da egoista. È però suo dovere emanciparsi dalla sua condizione animalesca, bestiale. Deve politicamente fare in modo che lo Stato crei le condizioni affinché a tutti sia data la possibilità di poter fare una vita dignitosa o anche di emergere e affermarsi socialmente. Il più equo liberalismo deve venire assicurato da parte dello Stato e, se necessario, per mezzo di una rivoluzione. E così esso deve vietare che si creino cartelli o monopoli, deve obbligare il datore di lavoro a ripartire equamente (sia pure in misura diversa), gli utili della sua impresa fra ogni suo membro, in quanto al suo guadagno ognuno di essi ha concorso. Ma spetta poi agli uomini e alle loro abilità tentare di emergere socialmente, in un contesto liberale. Devono dunque creare associazioni di ogni tipo (di mutuo soccorso, banche popolari, cooperative agricole e industriali). Mazzini, da classico realista, crede nelle differenze fra gli uomini e solo un regime di tipo liberale può riconoscerle e ricompensarle adeguatamente, premiarle.

Ma lo Stato deve tendere a scomparire in favore della nascita e del progressivo consolidamento di una Nazione. Ciò comporta inoltre un incremento di democraticità, poiché per Mazzini – contrariamente a ciò che in molti ritengono – il più democratico suffragio universale ha senso solo in condizioni di equità o imparzialità sociale, dove cioè la persona economicamente abbiente non abusa del proprio potere. Per l'intellettuale genovese l'educazione non deve venire unicamente impartita al popolo subalterno (attraverso una battaglia di idee che lo sproni ad emanciparsi), ma anche ai ricchi, affinché si crei una situazione sociale di tipo interclassista.

APPENDICE III - *Libertà e necessità*

I vari saggi lunghi e brevi e i vari articoli che ho scritto fino ad ora costituiscono un *work in progress*, ovvero qualcosa di piuttosto unitario in corso di sviluppo e dunque di revisione. Anche quando espongo, nella maggior parte di essi, punti di vista che non sono i miei, ho comunque occasione di elaborare, affinare o modificare il mio bagaglio di conoscenze.

In questo appendice intendo sintetizzare, per quanto ciò sia possibile, i risultati del mio libro *Operazionismo marxista* con quanto ho ulteriormente elaborato nell'opuscolo *Demenza e potere*. In questa sede è inoltre necessario chiarire la logica che è alla base degli aspetti politico-filosofici di quest'ultimo, in quanto nella brochure in questione non è nettamente delineata.

Il risultato del suddetto sviluppo è un pronunciarmi a sfavore di individualità e libertà, in nome della necessità, ovvero dell'universalità, o meglio, dell'oggettività.

Astrattamente, un uomo può agire in modo interamente necessitato, oppure può agire in modo completamente libero o arbitrario.

Prendiamo il caso limite (dunque astratto) di un individuo assolutamente dotato di libero arbitrio. Oltre ad avere una coscienza animalesca, ovvero del tutto priva del senso del vanto, potrà, ad esempio, fare qualcosa di questo tipo. Mettiamo abbia in mano una pistola e che una persona posta nelle sue vicinanze inizi a cantare a squarciagola e in modo stonato. Esasperato, l'uomo arbitrario potrà decidere di farla fuori. E magari, può compiere un gesto identico per il solo e semplice fatto che viene assalito dalla noia.

Ora, prima di agire nessuno può prescindere dal pensare a ciò che dovrà fare. Può poi magari comportarsi nel modo sbagliato, non avendo riflettuto correttamente sul da farsi. Ebbene, vi è da ritenere che una persona internata in manicomio per gravissimi disturbi, faccia delle cose strane (assumendo atteggiamenti illogici, insensati), non perché non sappia cosa fare, ma perché, arbitrariamente, non vuole e non ritiene di rendersi comprensibile agli altri (non passandogli, magari, ciò, neanche per la testa).

Agli antipodi degli atteggiamenti ora descritti vi sarebbe una persona caratterizzata come un automa: "Il Gurdjeff insegnava appunto che l'uomo non è che una 'macchina', un insieme di automatismi, e che il primo passo è rendersi conto di ciò. Tutto quel che l'uomo fa, i suoi pensieri, i suoi sentimenti, le sue abitudini, sono l'effetto di influssi e di impressioni esterne. L'intera esistenza trascorre in una specie di 'sonno da sveglio'. La passività è la nota costante [...]. Non si è presenti a sé stessi"[9]. Dunque (il narrante – ovvero Julius Evola – si sta ora riferendo ad un esoterista italiano che la pensa pressoché come il mistico caucasico): "La premessa", da cui partire per raggiungere l'intenzionalità, "è quella stessa del positivismo (Kremmerz)"[10]. E, "quando si parla volgarmente di personalità, in realtà non si allude ad altro che all'*individuo storico* (Kremmerz), ad un aggregato di

---

[9] J. Evola, *Maschera e volto dello spiritualismo contemporaneo*, Edizioni Mediterranee, Roma 1990, p. 191.
[10] Ivi, p. 196.

tendenze, impressioni, ricordi, abitudini e via dicendo, la gran parte del quale non appartiene né alla nostra coscienza né alla nostra responsabilità"[11]. Per i due esoteristi si trattava dunque, all'incirca, di acquisire il libero arbitrio. Per Evola, analogamente, è portato alla magia, ovvero alla conquista della libertà, "colui che sia stato portato positivisticamente a ritenere che ogni facoltà psichica e spirituale è condizionata e determinata da fattori empirici (organici, di eredità, d'ambiente, ecc.)"[12]. La premessa positivistica può oltretutto costituire una salutare iniziazione preliminare alla successiva iniziazione magica.

Ovviamente, anche una persona che si comporta sempre come un automa, una macchina, è un'astrazione.

La moda (in senso esteso) forma in un uomo un certo modello comportamentale, ovvero produce in lui un particolare gusto estetico. Da ciò conseguono delle antipatie per quelle estetiche o quei comportamenti che, necessariamente, si contrappongono al suddetto particolare gusto.

Poniamo che la propaganda mi abbia persuaso ad

---

[11] *Ibidem.*
[12] J. Evola, *La tradizione ermetica*, Edizioni Mediterranee, Roma 1996, p. 110.

essere una persona sentimentale e civile. Ebbene, alla vista di un tenero bambino non mi passerà mai e poi mai per la testa di molestarlo. Se sono per strada e ho in mano una cartaccia, andrò a buttarla in un apposito cestino.

La moda mi impone dunque di agire quando tenderei a non farlo e fa in modo che, spontaneamente, non agisca laddove non ci sono motivi, pulsioni, che invece produrrebbero degli atti. Infine, essa può spingermi ad agire impulsivamente (vedo, attraverso una vetrina, un paio di scarpe di mio gradimento e decido di comprarle).

Ora, in modo del tutto gratuito e incomprensibile potrei buttare per terra la cartaccia e trattenere, sforzandomi, l'impulso a comprarmi le scarpe. Poi, finché provo dei sentimenti, mi comporterò a modo con il suddetto bambino. Se quest'ultimo mi diviene però indifferente e mi assale una pulsione sessuale, ad esempio, lo molesterò. Quest'ultimo capoverso esemplifica un comportamento di tipo libero, arbitrario.

Ora, la sonnolenza, lo scarso riposo, l'uso di droghe e alcol, favoriscono, creano le condizioni affinché si tenda ad agire più in modo libero che in modo necessitato. Ma allora la libertà è socialmente pericolosa, quindi eventualmente dannosa. Per questo motivo la propaganda dovrebbe creare uomini sentimentali. Il sentimento è quanto vi è di più oggettivo tra i vari modi umani di essere. Già l'individualità più pulita (non perversa), eppure – per forza – selvatica (ovvero più vicina all'animalità, più attiva che contemplativa), costituirebbe un fattore di turbamento sociale.

L'uomo medio dotato di sentimenti non spicca particolarmente. Ma tale tipo d'uomo và prodotto e promosso, poiché è colui che più si accontenta e meno arreca danno agli altri. È l'uomo più sociale (e dunque, il meno antisociale).

Un tale tipo d'uomo approva quel capo di stato che si atteggia come lui. E allora è soddisfatto e non si lamenta politicamente (ad esempio, non insorgerà contro il sistema). Gli è antipatico l'individuo di cui si è detto sopra poiché, da un lato – nella misura in cui è diverso da lui – non prova simpatia per lui, dall'altro, in quanto non spicca poiché è un mediocre, si sentirà inferiore rispetto all'individuo. Sente allora l'imprescindibile bisogno di scaricarsi, ingiuriando l'individuo per livellarlo. E si badi, l'uomo-massa può anche, in fondo, mantenere il suo senso o complesso di inferiorità rispetto all'individuo, ma il potere che ha di ferirlo moralmente è più che sufficiente ad appagarlo, a quietarlo, a farlo tornare tranquillo. Ma se l'individuo è un duro e non si lascia piegare, il mediocre manterrà una, socialmente pericolosa, coscienza infelice. A quel punto se la riprenderà in particolare con chi comanda, in quanto gode di privilegi dei quali egli non gode. Tuttavia, si badi, lo scopo dell'uomo-massa, non è tanto quello di innalzarsi socialmente ed economicamente (poiché è, in fondo, uno che si accontenta), quanto quello di abbassare al suo livello chi occupa un grado sociale, politico, economico, superiore al suo. Insomma, l'individualità è socialmente pericolosa, poiché destabilizza politicamente, creando eversione.

Eppure, a mio parere, la propaganda deve pragmaticamente produrre l'uomo oggettivo e sentimentale.

Concludendo, privilegiare l'universalità, l'oggettività, ovvero la medietà (il che equivale al fatto che la socialità debba prevalere nel modo più ampio possibile sull'individualità), è un fatto poi così negativo? No, poiché l'individualità, la felicità, l'atto (l'attualità), non tendono, per così dire, a venire del tutto meno. Infatti moda e necessità non sono poi così opprimenti. Ma se la vivibilità della nostra vita è la cosa per noi più importante, si può ben rinunciare ad una condizione di piena attualità o libertà.

Prima di chiudere, vorrei dire come nel suddetto pamphlet mi sia pronunciato in modo troppo pessimistico circa la possibilità di un mondo senza più gente che soffre la fame e in cui gli abusi di potere si verifichino il meno possibile.

BIBLIOGRAFIA

R. Nozick, *Anarchia, stato e utopia*, Il Saggiatore, Milano 2005

N. Chomsky - M. Foucault, *Della natura umana. Invariante biologico e potere politico*, Derive Approdi, Roma 2005

N. Chomsky, *Conoscenza e libertà. Interpretare e cambiare il mondo*, Il Saggiatore, Milano 2004

M. Horkeimer, *Eclisse della ragione*, Einaudi, Torino 1969

G. Sorel, *Considerazioni sulla violenza*, Laterza, Bari 1974

A. de Benoist, *Le sfide della postmodernità. Sguardi sul terzo millennio*, Arianna Editrice, Casalecchio 2003

A. Breton, *Manifesti del surrealismo*, Einaudi, Torino 1987

G. Mazzini, *Doveri dell'uomo*, Londra 1860

J. W. Burrow, *La crisi della ragione. Il pensiero europeo 1848-1914*, Il Mulino, Bologna 2000

G. Parlato, *La sinistra fascista*, Il Mulino, Bologna 2000

J. Evola, *Maschera e volto dello spiritualismo contemporaneo*, Edizioni Mediterranee, Roma 1990

J. Evola, *La tradizione ermetica*, Edizioni Mediterranee, Roma 1996

INFORMAZIONI SULL'AUTORE

Sono nato a Rieti nel 1978. Mi sono laureato in filosofia presso l'Università degli Studi dell'Aquila. Ho pubblicato tre saggi per la casa editrice Aracne (*Il pensiero negativo di Julius Evola e il suo oltrepassamento*; *Excalibur e la tradizione ermetico-alchemica*; *Operazionismo marxista. Un saggio critico su Lukács-Marx e Deleuze-Guattari*). Attraverso CreateSpace ho pubblicato: *Demenza e potere. Saggi e articoli politici*. Sul web ho scritto diversi articoli e saggi di argomento filosofico e letterario.